AF278140

Colega lee

Serie morada
LA PIEDRA EXTRATERRESTRE

edelsa

Ana, Rubén, Elena, Chema, Julia y Colega forman el CACI: un comité secreto para descubrir misterios y ayudar a sus vecinos. Tienen un buzón en la panadería de Vicente para recibir las cartas de petición de ayuda.

Primera edición: 2024

© Edelsa Grupo Didascalia, S.A. Madrid, 2024.

Directora del proyecto y coordinadora: María Luisa Hortelano.
Autora: Elena González Hortelano.
Coordinación editorial: Mila Bodas.
Editoras: María Sodore y Alicia Iglesia.
Corrección: Alicia Iglesia.
Diseño de cubierta: Departamento de Imagen de Edelsa.
Ilustradora: Ángeles Peinador.

ISBN: 978-84-9081-886-2
Depósito Legal: M-15405-2024
Impreso en España / Printed in Spain

PAPEL DE FIBRA
CERTIFICADO

Los jueves me toca a mí ir a ver si hay cartas en el Buzón de Ayuda al Ciudadano que nuestro comité secreto tiene en la panadería de Vicente. El jueves pasado hubo una tormenta muy fuerte, la más fuerte que recuerdo. Estuve en casa casi toda la tarde, pero antes de cenar salí bajo la lluvia a la panadería.

Encontré un sobre dentro del buzón. Lo metí debajo de la chaqueta y corrí. Entonces vi en el suelo una piedra brillante y humeante, la piedra más extraña del mundo. Me acerqué y la toqué. «¡Está caliente!», comprobé sorprendida.

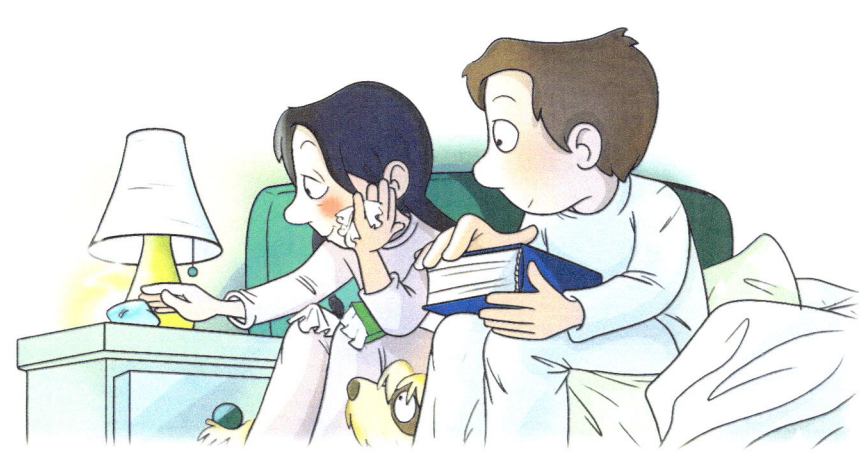

En casa, guardé la carta para leerla con todos al día siguiente y le pregunté a Rubén el nombre de la piedra. Antes de acostarse, Rubén vino a mi cuarto con un libro de geología.

—No tienes buena cara, ¿estás bien? —me dijo al verme.

—Me duele todo el cuerpo. Creo que me puse enferma cuando fui a la panadería.

—Consulté mi libro y no encontré ninguna piedra como esta. Es una piedra muy rara. ¿Todavía está caliente?

—Sí. Mira, tócala.

—Duérmete. Mañana no vas a poder ir al colegio, tienes fiebre. Buenas noches —me dijo Rubén.

El viernes me levanté curada. Rubén se sorprendió mucho cuando me vio salir de mi habitación sana y con más energía que nunca. Pude ir al colegio y después de clase fuimos a entrenar con el equipo de fútbol. Hizo sol y calor y no volví a sentirme mal. Durante el entrenamiento, Chema, el portero, se hizo daño en un dedo al parar un balón. Cuando acabamos, Chema, Elena, Julia, Rubén y yo fuimos a casa para leer la carta.

Al llegar a casa, fui a mi habitación a buscar la carta. En la mesilla vi la piedra y la cogí.

—Chema, ¿todavía te duele el dedo? —le pregunté en el jardín.

—Sí, me duele. No puedo moverlo y tengo la uña morada.

—Toma esta piedra. Póntela al lado del dedo enfermo —le dije.

—¡Está caliente! —dijo Chema.

Chema acercó la piedra a su dedo, el color morado desapareció y Chema empezó a moverlo.

—¡Ya no me duele! ¿Qué piedra es esta?

—No lo sabemos —dijo Rubén—. No aparece en mi libro de geología.

—Ayer fui a la panadería de Vicente durante la tormenta y encontré esta piedra en el suelo —les expliqué—. Me mojé con la lluvia y, por la noche me puse enferma y tuve fiebre. Me dormí con la piedra en la mano y esta mañana... ¡me desperté curada! Pensé: «¿La piedra me curó?». Ahora, al ver el dedo de Chema, estoy segura de que sí. ¡Esta piedra no es como las demás!

—Yo conozco a un geólogo que trabaja en la universidad —dijo Elena—. Él conoce todas las piedras que existen, hasta las más raras. Seguro que puede decirnos qué piedra es, ¿vamos a visitarle?

—Buena idea. Pero primero vamos a leer la carta, alguien espera nuestra ayuda desde ayer —dijo Chema.

—Tienes razón, voy a leer la carta —dije—. «Hola. Me llamo Juan y tengo diez años. Algo raro le pasa a mi consola de videojuegos. Es muy largo de explicar, mejor lo veis vosotros mismos. Os espero. Vivo en la avenida de los Encuartes, número 21, 2.º B. ¡Gracias!, Juan».

La avenida de los Encuartes está entre nuestra calle y la panadería de Vicente, así que tardamos poco en llegar. Chema llamó al telefonillo de la casa de Juan.

—¿Juan?, somos el Comité de Ayuda Ciudadana.

—¡Ah, sí! Os abro.

—¡Mirad, otra vez está nublado! —dijo Julia señalando el cielo.

—No, es solo una nube —contestó Rubén.

—Todo empezó ayer durante la tormenta —nos contó Juan—. Esta es mi habitación. Pasé aquí toda la tarde jugando a varios videojuegos. De pronto, un rayo atravesó la ventana sin romperla y chocó contra la consola. Desde entonces, no funciona como siempre.

—¿Un rayo atravesó el cristal de la ventana y no lo rompió?

—¿Qué quieres decir con que la consola no funciona como siempre?

—Sí, el rayo pasó a través de la ventana, pero no la rompió. Un rayo tan fino como un hilo, pero muy brillante y de muchos colores. Venid, os voy a enseñar lo que quiero decir con que no funciona como siempre. ¿Veis esa nube? Pues no os lo vais a creer, pero desde ayer por la tarde me sigue a todas partes.

—¿Te sigue esa nube?

—Y me parece que tampoco es una nube muy normal. Mirad.

Nos acercamos a la ventana y vimos en el cielo la nube solitaria. Juan encendió la consola y la nube relampagueó. La pantalla empezó a brillar suavemente. Juan pulsó la tecla de la flecha derecha de la consola y la nube se movió hacia la derecha. Luego pulsó la de la flecha izquierda, y la nube se movió hacia la izquierda. Por último, Juan pulsó la de la flecha hacia abajo y la nube se movió hacia nosotros, hasta que se colocó casi encima de nuestras cabezas. Todos nos miramos sorprendidos.

Entonces sentí calor en la pierna.

—Ana, ¡la piedra brilla más que antes! —me dijo
Julia.

Metí la mano en el bolsillo de mi pantalón y saqué
la piedra.

—¡Es verdad! Y está más caliente —dije.

La consola empezó a emitir una melodía acompa-
ñada de luces de colores.

—¡Mirad, la consola y la piedra reaccionan
cuando están juntas!, ¡están relacionadas!
—dijo Elena—. Vamos a la universidad, tenemos que hablar con mi amigo el geólogo. Todo
esto es muy extraño.

Por supuesto, la nube nos siguió hasta la universidad. Elena nos presentó a su amigo, el geólogo y geógrafo José Ignacio. Desde la ventana del laboratorio, Juan movió la nube con su consola. Después le di mi piedra a José Ignacio, que intentó romper un trozo para analizarlo, pero no pudo. Metió la piedra en líquidos, pero no reaccionó.

—Esta piedra no se puede romper. ¡Y está caliente, parece que está viva! —dijo, nervioso, José Ignacio.

—Vamos, este no es un tema para hablar en la universidad. Nos vamos a un sitio más adecuado.

Fuimos en metro hasta un edificio del centro. Cuando salimos del metro, miramos el cielo y vimos la nube. Entramos con José Ignacio en un portal y subimos varias plantas en ascensor. Llegamos frente a una puerta al final de un largo pasillo. José Ignacio se paró y llamó a la puerta.

—Contraseña —escuchamos decir desde el otro lado.

—Abracadabra pata de cabra... cósmica —dijo José Ignacio.

La puerta se abrió.

Entramos en una habitación llena de mapas, de libros y de personas estudiándolos concentradas y en silencio. En una placa en la pared leímos: «Sociedad Geográfica Universal». Fuimos a una mesa separada de las demás y José Ignacio trajo un mapa enorme que extendió encima de la mesa. Frente a nosotros vimos un mapa increíble.

—Este es el mayor éxito de la Sociedad Geográfica Universal —comenzó a decir José Ignacio—. Es un mapa físico universal. No solo aparece nuestro planeta como en todos los mapas, sino todo el sistema solar, las galaxias, las estrellas y hasta una parte de los universos que están más cerca del nuestro. Esta piedra tan especial, si no me equivoco, viene de aquí. Por supuesto, no es una piedra como las de la Tierra. En realidad es mitad piedra, mitad ser vivo.

—El lugar del que viene se llama Ozonia. Es un planeta gaseoso gigante que está muy lejos de la Tierra. Allí viven los ozonitas, unos seres muy inteligentes que viajan mucho por el espacio. Como viven en un planeta gaseoso, usan las nubes como medio de transporte cuando visitan nuestro planeta.

—¿Eso significa que en esa nube hay extraterrestres?

—Exacto.

—¿Y por qué me sigue a todas partes?, ¿por qué puedo moverla con la consola?

—No lo sé, Juan —dijo José Ignacio—. Pero sí sé qué buscan. La piedra que encontró Ana es muy valiosa, los ozonitas la llaman «piedra de la vida». Cuando nace un ozonita, recibe su piedra y nunca se separa de ella. La cuida siempre porque las piedras están vivas y el amor que las piedras sienten por los ozonitas les hace estar vivos y sanos. Ahora mismo hay un ozonita enfermo, sin su piedra, en esa nube. Y sin ella no puede volver a su planeta. ¡Tenemos que buscar el modo de devolvérsela!

—José Ignacio —dijo Elena—, en casa de Juan, la consola emitió música y luces de colores. A mí me pareció un lenguaje.

—¡¡¡Lenguaje interestelar!!! —se emocionó José Ignacio—. Está hecho con la música de los sonidos cósmicos y la luz descompuesta en colores. Es muy difícil de entender para los seres humanos porque no solo tiene palabras para las cosas que hay en nuestro planeta, sino para todas las cosas que hay en todos los universos que existen. ¡Cómo no lo pensé antes! Juan, pásame la consola. Voy a hablar con los ozonitas.

José Ignacio encendió la consola. Pulsó varias teclas y dos o tres rayos de colores acompañados por notas musicales salieron de ella. José Ignacio tecleó más y la consola respondió con una melodía más larga y con rayos de más colores. José Ignacio volvió a teclear. De la consola salió la sinfonía de luz, música y color más emocionante de nuestras vidas.

Entonces vimos la nube al lado de la ventana. José Ignacio pulsó la tecla de la flecha hacia abajo y la nube entró lentamente por la ventana de la habitación. Pronto estuvimos en medio de una espesa niebla sin poder ver nada. Entonces dejé de sentir el calor de la piedra en mi bolsillo. La consola se paró. La nube entera empezó a brillar y a emitir música, y salió por la ventana igual de despacio que entró.

Desde la ventana, la vimos subir hasta que desapareció en el cielo.

—José Ignacio —dijo una mujer de la Sociedad—, hablar el lenguaje interestelar requiere mucho esfuerzo. No estás cansado, ¿por qué?

José Ignacio se metió una mano en el bolsillo del pantalón y sacó una piedra de la vida parecida a la primera.

—Quizás por esto. Los ozonitas nos dejaron un regalo.

La piedra emitió una ráfaga de música y color.

—¿Qué significa? —pregunté.

—Significa «Gracias».

24

—¿Qué suena? ¿Oís?

—¡Son sirenas! Los bomberos están abajo.

La puerta se abrió de golpe y aparecieron dos bomberos. José Ignacio escondió la piedra y dobló el mapa.

—¿Dónde está el fuego? Nos llamaron porque vieron salir humo por la ventana de este piso.

—¿Humo? No, no hay ningún fuego. Estamos bien. Una nube pasó demasiado baja y entró en nuestra biblioteca, nada más —dijo José Ignacio.

—¿Una nube? —los dos bomberos nos miraron sorprendidos.

25

La Voz de La Ciudad

Un extraño fenómeno meteorológico lleva a los bomberos a un piso sin fuego.
Ayer por la tarde, a las 18:15, los bomberos recibieron el aviso de un incendio en un edificio de la calle Estrella Polar.

Numerosos testigos vieron salir humo de la ventana del último piso.
Cuando los bomberos llegaron arriba, encontraron una reunión de científicos que les dijeron que una nube entró y salió por la ventana.

Al día siguiente salimos en el periódico. ¡Fue el caso más famoso de todos los que resolvió el comité!

ACTIVIDADES DE EXPLOTACIÓN DIDÁCTICA:

Colega lee

LA PIEDRA EXTRATERRESTRE

1. ¿Qué pasó?
Completa las frases con estos verbos en pasado.

buscar, hablar, curar, entrar, perder, ir

a. Ana se puso enferma porque .... a la panadería bajo la lluvia.

b. Rubén .... la piedra en su libro de geología, pero no la encontró.

c. La piedra .... primero a Ana y después, a Chema.

d. Un ozonita .... una piedra de la vida durante la tormenta.

e. José Ignacio .... el lenguaje interestelar con los ozonitas.

f. La nube .... por la ventana de la habitación.

2. La tormenta.
Busca en la sopa de letras estas palabras relacionadas con la tormenta, lee cómo se forman los verbos y completa las frases.

lluvia, trueno, relámpago, rayo, nubes, viento, frío

R	Q	X	A	S	X	V	S	X
E	T	W	K	C	E	I	F	G
L	B	Y	N	U	B	E	S	L
A	X	J	L	Z	O	N	H	E
M	H	U	L	D	X	T	L	N
P	T	R	U	E	N	O	L	R
A	P	A	V	R	F	R	I	O
G	M	Y	I	Ñ	N	J	V	E
O	F	O	A	Q	P	K	B	W

Lluvia → Llover
Nube → Haber nubes, estar nublado
Trueno → Tronar
Rayo → Haber rayos
Relámpago → Relampaguear
Viento → Hacer viento
Frío → Hacer frío

28

a. Como la luz viaja más deprisa que el sonido, durante una tormenta primero ..*relampaguea*... y luego... *truena*.

b. Hoy ...., es un gran día para practicar *windsurf*.

c. Ayer .... durante todo el día, así que me puse las botas de agua.

d. Es peligroso ponerse debajo de un árbol cuando ....

............., porque el árbol puede atraerlos.

e. Cuando ...., me gusta calentarme al lado del fuego.

f. Ayer ...., no salió el sol en todo el día.

3. En la Sociedad Geográfica Universal.
Estas personas pertenecen a la Sociedad Geográfica Univer-
sal. Lee las pistas y completa la tabla.

a. El geógrafo es tan alto como la historiadora espaciotemporal.
b. La experta en lenguas cósmicas es la más baja, mide 1,65.
c. José mide 10 cm más que Elena.
d. La mujer más baja tiene sueño.
e. El hombre más alto está contento.
f. La historiadora espaciotemporal tiene sed.
g. El geólogo experto en meteoritos tiene hambre.

	Olga	Sergio	Elena	José
¿Cuál es su profesión?				
¿Cuánto miden?	1,82			
¿Cómo están?				

4. ¿Cómo son los ozonitas?
Lee la tabla de la Sociedad Geográfica Universal, escribe frases y dibuja.

SGU	Ozonitas	Seres humanos
inteligentes	★★★★★	★★★★
altos	★★	★★★★
guapos	★★	★★★★
simpáticos	★★★★★	★★★★★
amables	★★★★★	★★★★★
gordos	★★★★	★★★

a. ...*Los ozonitas son más inteligentes que los seres humanos.* ....

b. ....

c. ....

d. ....

e. ....

f. ....

Un ozonita	Un ser humano

5. **Los extraterrestres de la nube.**
Lee lo que piensan estos ozonitas y escribe cómo están y por qué.

enfadado, aburrido, contento, ~~preocupada~~, triste

a. Soy la mamá del ozonita que no tiene su piedra de la vida. Si no la recuperamos, no podemos volver a nuestro planeta.
.....*Esta ozonita está preocupada porque su hijo no tiene su piedra de la vida y sin ella no pueden volver a su planeta....*

b. Perdí mi piedra de la vida durante la tormenta. ¡Qué tonto soy! Ahora todos tienen problemas por mi culpa. ¡Brrrrrrr!

....

....

....

c. No me gusta la Tierra, nunca me divierto cuando vengo. No puedo salir de la nube y no sé qué hacer. Si no volvemos ya a nuestro planeta, me voy a dormir.

....

....

....

d. Me encanta el planeta Tierra. Por eso, siempre que tenemos que volver a nuestro planeta, me dan ganas de llorar. Nos vamos ¡Adiós!

....

....

....

e. Es la primera vez que hablo con un ser humano. José Ignacio y los niños son muy simpáticos, ¡qué bien!

....

....

....

31

6. ¡Ahora tú!
¿Cuáles de estas cosas hiciste y cuáles vas o no vas a hacer?
Escribe frases.

Ejemplo:
Ponerse enfermo por no llevar paraguas.
...*Yo me puse enfermo por no llevar paraguas.* o
...*Yo no me voy a poner enfermo por no llevar paraguas.*

a. Encontrar un objeto mágico.

....

....

b. Leer un libro de geología.

....

....

c. Entrenar con un equipo de fútbol.

....

....

d. Ser amigo de alguien importante.

....

....

e. Hablar con extraterrestres.

....

....

f. Cuidar de algo o alguien todos los días.

....

....

g. Aprender astronomía.

....

....